CW01663929

ISBN 978-2-244-41748-6

www.editionslito.com
© Lito, 2007

13 HISTOIRES À LIRE AVEC TON DOUDOU

13 HISTOIRES
À LIRE AVEC TON DOUDOU

Éditions Lito

Aimes-tu frissonner ?

Cachés dans les placards, les radiateurs, les sèche-cheveux ou les tuyaux de douche, les monstres sont partout ! Heureusement, ils ne sont pas tous effrayants.

pas peur du tout !

petite frousse

grande trouille

sont autant de repères pour te guider et ne pas tomber par surprise sur un monstre plein de dents ! 13 histoires à lire tout seul, avec ton grand frère ou ta petite sœur, ou bien à l'abri dans les bras de papa ou maman.

5, 10 ou 15 minutes ?
Un réveil t'indique combien de temps dure ton histoire.

Tu es prêt ? Bonne chasse au monstre !

SOMMAIRE

Le Croquetou coquet ■ Page 33

Christine Palluy ■ Cécile Hudrisier

Aujourd'hui, il y a des épinards au jambon
pour le déjeuner de Noé et de Fanny.
S'ils ne mangent pas, tatie Liette
leur promet l'arrivée du Croquetou.
Noé et Fanny ne croient pas à cette histoire.
Et pourtant...

Le monstre du tiroir de la cuisine ■ Page 39

Cathy Ytak ■ Katharina Grossmann-Hensel

Le tiroir de la cuisine débloque complètement !
À chaque fois qu'on veut l'ouvrir, il se coince,
et quand on glisse sa main au fond, ça pique.
C'est certain ! Il y a un monstre dans le tiroir
de la cuisine...

Le Yapadocus ■ Page 45

Roselyne Morel ■ Muriel Kerba

Émilie veut téléphoner à sa copine Justine
lorsque la terre se met à trembler.
C'est un énorme Yapadocus en colère.
Émilie réussira-t-elle à le calmer
avant qu'il ne détruise tout ?

Le monstre du placard ■ Page 53

Geneviève Noël ■ Cécile Hudrisier

Zoé doit ranger sa chambre, mais au fond du placard se cache un monstre. Pour Zoé, il faut choisir : être punie par sa maman ou affronter le monstre du placard...

Le géant des gros mots ■ Page 61

Béatrice Rouer ■ Isabelle Chatellard

Grande nouvelle dans le village de Martin : un géant a décidé d'y construire sa maison. Mais le géant a une mauvaise habitude : il ne dit que des gros mots ! Les parents de Martin commencent à en avoir assez de ce géant malpoli !

Mon monstre à moi ■ Page 67

Olivier Ka ■ Katharina Grossmann-Hensel

Depuis ce matin, Théo est accompagné par un monstre. Il ne parle pas et personne ne le voit, excepté le petit garçon. Le plus rigolo, c'est qu'il fait tout ce qu'on lui demande. Rien de mieux pour semer la zizanie à l'école...

Le monstre du tuyau de la douche ■ Page 75

Cathy Ytak ■ Vincent Mathy

Le tuyau de la douche siffle et se tortille.
Il y a de l'eau qui gicle partout.
Un monstre se cacherait-il dans le tuyau de la douche ?

Le Glorg du Pas-Prévu ■ Page 81

Olivier Ka ■ Isabelle Chatellard

Les Glorgs savent très bien se cacher.
Ils devinent nos moindres gestes.
Ce qu'il faut faire pour les voir,
c'est quelque chose de pas prévu.
Et Gaspard est bien décidé à les surprendre...

Le monstre du sèche-cheveux ■ Page 87

Cathy Ytak ■ Vincent Mathy

Un grand savant découvre des monstres
au fond d'un volcan et décide de les ramener
chez lui. Mais ces monstres sont brûlants
et soufflent de l'air chaud.
Comment faire pour les transporter ?

Le monstre du radiateur Page 93

Édith Soonckindt ■ Cécile Hudrisier

Un radiateur qui ronfle, crachote et gronde,
voilà de quoi effrayer Eliott.
Y aurait-il un monstre dans le radiateur ?
Et s'il venait attaquer le petit garçon
dans son lit pour le manger ?

Le petit monstre et le Père Noël

Geneviève Noël
Isabelle Chatellard

Tout doux, la neige tombe.
Hou hou le vent souffle :
– Petits enfants, le Père Noël arrive.
Dormez vite dans vos lits bien chauds.
Et demain, quand vous ouvrirez
les yeux, vous trouverez
plein de cadeaux dans vos souliers.
Tout content, Piquepique
le petit monstre poilu ouvre la fenêtre
de sa chambre et crie :
– Écoute Père Noël, pour Noël,
je voudrais une belle trompette
qui fait pouet pouet
quand on souffle dedans.

Aussitôt, le renard, qui rôdait
dans le bois, se met à couiner :
– Le Père Noël donne toujours
des cadeaux cassés
aux petits monstres poilus.
– C'est même pas vrai !
proteste Piquepique.
Mais le corbeau, perché sur sa branche,
croasse :
– Croaaa, le Père Noël donne toujours
des cadeaux qui piquent
aux petits monstres poilus.
– C'est même pas vrai,
sanglote Piquepique.
Clic clac, il ferme ses volets,
puis il se blottit sous sa couette
avec son doudou adoré chéri.
Peu à peu la nuit tombe.

Le renard lève la tête pour admirer
la lune, qui lui envoie un doux rayon
dans l'œil. Alors, comme par magie,
le cœur du renard devient tout tendre,
et il se dit :
« Je n'ai pas été gentil
avec le petit monstre. »
Il réfléchit une minute, puis il peint
trois pommes de pin
avec de la peinture dorée
et, sans hésiter, il les jette
dans la cheminée de Piquepique.
Au même instant, le corbeau soupire
en regardant les étoiles :
« J'ai été très méchant
avec le petit monstre. »
Vite, il court acheter au village
un nounours tout doux
qu'il lance dans la cheminée
de Piquepique.
Ding, dong ! Maintenant, il est minuit,
et le Père Noël pose son traîneau
sur le toit du petit monstre.
Après avoir regardé sa montre,
il descend à toute vitesse
dans la cheminée. Craac, il marche
sur les belles pommes de pin dorées,
puis il trébuche sur le nounours
tout doux et se retrouve le nez
dans la poussière.

Atchi atchoum ! le Père Noël éternue
si fort qu'une dizaine de jouets
tombent de sa hotte et s'étalent
autour des pantoufles du petit monstre.
Sans se douter de rien, le Père Noël
pose une belle trompette
au pied du sapin,
puis il bondit dans la cheminée
en chantonnant :
– C'est bizarre, je me sens léger, léger !
Et le lendemain, quand Piquepique
saute de son lit, il pousse un cri de joie.
Ça alors ! à côté de ses souliers,
il y a plein de cadeaux. Fou de joie,
le petit monstre poilu ouvre la fenêtre
et, pouet pouet, il souffle
dans sa trompette pour dire merci
au Père Noël.

Les Croque-petons

Natallie
Katharina Grossmann-Hensel

Bastien ne fait jamais de problème pour aller au lit. Ce soir pourtant, il refuse obstinément !

– Mais enfin, mon chéri, demain il y a école ! tente de le raisonner sa maman.

– Mmm, mm, je sais, mais…

L'enfant se tord les doigts en regardant ses pantoufles-souris.

– Mais quoi ?

Bastien hésite à révéler son souci.

– Tu n'as pas sommeil ? demande encore maman.

– Si, mais…

Bastien soupire et enfin se décide :

– Y'a des bêtes au fond de mon lit.
– Des bêtes ! s'exclame maman.
Des bêtes comment ?
– Ben… comme ça. (Il gonfle les joues et se tire les oreilles.) Et comme ça ! (Il se rentre la tête dans les épaules et lève les mains en se faisant les doigts crochus.)
Il continue à se déformer le visage en poussant des grognements, car ça devient très rigolo.
– Bon, j'ai compris, l'arrête sa maman. Allons vérifier ça.
Dans la chambre, elle soulève complètement draps et couvertures.
– Alors, tu vois, il n'y a pas de bêtes. Bon, maintenant, finie la comédie… Au dodo !
Après les câlins et l'histoire du soir, Bastien ferme les yeux.
Rassurée, maman s'en va en tirant doucement la porte derrière elle.
Mais le petit malin faisait semblant de dormir. Il saute du lit et va chercher dans sa réserve secrète sa lampe de poche porte-clés.
Il l'allume, puis se glisse dans son lit, tête en avant. Cela fait plusieurs nuits que des bêtes – il n'ose pas dire monstres – s'amusent à lui mordre les orteils. La nuit dernière, il en a aperçu un. Il était… beurk ! horrible, avec sa bouche démesurée et ses gros yeux globuleux.

– Si j'en vois un, murmure Bastien, je l'attrape et je vais le montrer à maman. Il s'enfonce dans son lit comme dans un tunnel. Recroquevillé au fond, il attend. Mais, bien vite, la température monte. Il est finalement obligé de regagner la surface pour respirer un peu d'air frais. Il ramène ses jambes contre lui et décide de ne pas dormir, jusqu'au lendemain s'il le faut ! Un long moment s'écoule, puis soudain…

– Aïe !

Un Croque-petons a osé remonter pour lui mordre un gros orteil.

– Alors ça ! lance Bastien en plongeant sous ses draps.

Un visage grimaçant apparaît brièvement dans le faisceau de la lampe. Bastien rampe à la poursuite de la bestiole en s'aidant de ses coudes et de ses genoux. Il se retrouve dans une caverne où il peut se relever et reprendre la course. Jusqu'au moment où… il s'arrête.

– Hou, là, là !

Il est cerné par toute une colonie de créatures rigolardes qui sautillent sur place. Bastien tente un repli stratégique, mais les Croque-petons le suivent. Tous fixent avec avidité ses pieds nus.

– Sauve qui peut !
s'écrie-t-il en faisant demi-tour.
Il court, court à perdre haleine
dans une galerie qui n'en finit pas.
Il trébuche et se retrouve submergé
de Croque-petons.
Il doit battre des pieds
pour ne pas se les faire dévorer.
– Aaah ! Hiii ! hurle-t-il.
La lumière inonde brusquement
la galerie. Le visage de sa maman apparaît.
– Ce n'est rien, mon canard,
un cauchemar ! dit-elle
en le prenant dans ses bras.
Bastien ne pleure pas,
car c'est un garçon courageux.
Mais quand même,
les bras d'une maman, ça rassure…
– Je voulais en attraper un
pour te le montrer, explique Bastien,
mais ils sont trop nombreux.
Et il pense : « Demain, je demanderai
à papy ! Lui, il connaît
tous les monstres qui embêtent
les enfants la nuit ! Il saura
comment attraper ceux-là. »

Le lendemain, comme tous les mercredis,
le papy de Bastien vient déjeuner
à la maison. À la fin du repas,
Bastien le prend par la main
et l'amène dans sa chambre.
– Papy, lui confie-t-il à voix basse,
y'a des Croque-petons dans mon lit.
– Oh ! fait le vieil homme
en se redressant. Les vilains !
Et combien sont-ils ?

– Pouh ! Plein ! J'aimerais bien en attraper un pour le montrer à maman, parce qu'elle croit que c'est pas vrai.
– Ah, c'est sûr que, pour ta maman, les Croque-petons ne sont pas des choses faciles à avaler… Écoute, Bastien, les Croque-petons, on ne peut pas les attraper. En revanche, je connais un moyen de les chasser de ton lit.

– Ah oui ?
– Est-ce que tu as des nounours en guimauve, comme ceux que je t'ai apportés l'autre jour ?
Bastien fronce les sourcils. Il possède une réserve secrète connue de lui seul. Mais l'affaire est grave, et papy ne risque pas de le trahir.
– Voui ! répond l'enfant avec conviction.
– Bien. Les Croque-petons ont les dents très fragiles. Ils ne doivent donc pas manger de sucre, mais ils adorent les nounours en guimauve. S'ils en voient un, ils ne peuvent pas s'empêcher de sauter dessus pour le manger mais, après, ils ont tellement mal aux dents qu'ils s'en vont et ne reviennent plus jamais. Donc, ce soir…
Après les câlins et l'histoire du soir, Bastien fait semblant de s'endormir… sourire aux lèvres. Sitôt sa maman sortie, il se dépêche d'aller chercher dans sa réserve la dizaine de nounours en guimauve qu'il lui reste.

Il les dépose au fond de son lit,
puis remonte se nicher le long
de son traversin. Il aurait aimé guetter
l'arrivée des Croque-petons.
Malheureusement,
il finit par s'endormir.
Au matin, sa maman le réveille
doucement.
– Bastien, il est l'heure.
– Oh, les Croque-petons !
s'exclame l'enfant.
Il disparaît sous ses draps.
Les nounours ont tous disparu !
Les Croque-petons vont avoir
très mal aux dents.
« Tant pis pour eux. Comme ça,
ils me laisseront tranquille »,
pense Bastien.
Effectivement, les petits monstres
gourmands ne sont jamais revenus…

La graine de monstre

Arnaud Alméras
Vincent Mathy

Tous les soirs, en rentrant de l'école, Alex longeait la grille d'une maison qui l'intriguait beaucoup. Elle possédait un étrange jardin dans lequel ne poussaient que des ronces, des chardons et des orties. Il apercevait même parfois une longue silhouette courbée et inquiétante dans la serre au fond du jardin. « Il y a vraiment une ambiance bizarre là-dedans », se disait Alex…
Ce jour-là, en sortant de l'école, Alex passe comme d'habitude devant le jardin, mais cette fois-ci il remarque que la grille est entrouverte.

Il sent un frisson lui parcourir le dos.
Il vérifie que personne ne le voit entrer et se dit :
« J'irais bien jusqu'à la serre… voir ce qu'il y a dedans… »
C'est alors qu'il tombe nez à nez avec madame Sombre-Sève qui surgit de derrière la serre. Elle est très grande, toute maigre, et vêtue d'une longue blouse noire. Ses cheveux blancs sont tirés en chignon, sa bouche semble n'être qu'une longue fente dans son visage et ses yeux sont noirs, si noirs qu'on dirait de l'encre :
– Que fais-tu chez moi ? Tu cherches quelque chose, mon garçon ?
– Heu, non, la grille était ouverte… Je… je regardais votre jardin… bredouille Alex en ouvrant de grands yeux effrayés devant cette apparition.
Madame Sombre-Sève semble soudain se radoucir, et elle esquisse un sourire.
– Tu as l'air bien mignon, mon garçon… Est-ce que tu aimes les plantes ?
– Oui madame…
– Tant mieux, tant mieux… Attends-moi là.
Madame Sombre-Sève est bientôt de retour.
– J'ai planté là une graine spéciale…
Elle donne un petit pot noir à Alex et ajoute :
– Prends-en bien soin et elle fera une belle plante, mais il ne faut pas l'arroser avec de l'eau

comme les autres. Écoute-moi bien…
Le soir même, Alex installe son pot de terre cuite noir sur le balcon de sa chambre. Il suit les conseils que lui a donnés madame Sombre-Sève : tous les soirs, il arrose la graine avec du jus de chaussettes, de l'eau de lessive, du jus de boudin et de l'huile de friture.
Dans le pot, une petite tige noire se met à pousser, grandit de jour en jour et fait bientôt deux feuilles. Alex parle à sa plante comme le lui a suggéré madame Sombre-Sève :
– Vachasserie, barbouille, graissure et pourritasse, salisserie, fumissure, cradouille et cochonnasse ! répète-t-il joyeusement en vidant avec application sur sa plante un vieux bidon d'huile de vidange qu'il a trouvé dans le garage.
Alex continue d'arroser sa plante avec tout ce qu'il trouve de plus affreux, et elle grandit à vue d'œil. Un jour, en rentrant de l'école, il découvre…
– Un bourgeon !
Il s'approche du bourgeon noirâtre et craquelé mais, soudain, ses cheveux se dressent sur sa tête.
Le gros bourgeon commence à s'ouvrir et laisse apercevoir à l'intérieur… un œil !
– Un… un œil qui me regarde ! bégaie Alex en reculant.
Il court à la cuisine, il a l'impression d'avoir les jambes en coton…

Il prend un grand sac-poubelle,
s'approche lentement de sa plante
et l'enferme dedans.
Alex serre bien le sac
et dévale les escaliers.
Quand il arrive devant chez madame
Sombre-Sève, il tourne la poignée
du vieux portail, mais impossible
de l'ouvrir. Tant bien que mal,
tenant le sac dans une main,
Alex grimpe par-dessus la grille,
puis il avance prudemment.
– Il y a quelqu'un ? demande-t-il
avec une voix un peu étranglée…
Il arrive devant la serre au fond
du jardin… La porte est entrouverte,
Alex pose sa plante par terre.
Il veut enlever le sac-poubelle,
mais il n'en a pas le temps :
des pas approchent ! Alex saute
se cacher derrière les arrosoirs,
les vieux pots de fleurs
et le tuyau d'arrosage…

Il entend la voix de madame
Sombre-Sève grogner :
– Qu'est-ce que c'est que ce sac ?
Elle se penche sur le sac
et le déchire de ses ongles acérés.
Alex se tasse encore un peu plus
sur lui-même pour ne pas être aperçu,
et frissonne :
« C'est vraiment une sorcière ! »
La sorcière grince :
– Qu'y a-t-il dedans ? Je ne...
À cet instant, le bourgeon craque
et s'ouvre :
un monstre ignoble
apparaît. C'est
une sorte de boule
de poils verts
avec des jambes
et des bras
minuscules.
Soudain, il ouvre
une gueule énorme
et se jette
sur la sorcière :
– Non ! Non !
Pas moi ! N...
Le monstre n'en fait qu'une bouchée,
mais il s'immobilise brutalement :
– Vachass-aïe ! Barb-ouille !
Graiss-aaah ! et pourrit... aaargl...
Le monstre se tient le ventre.
Il se met à trembler, tombe
par terre et se ratatine
comme s'il pourrissait
à toute vitesse.

– Toi, tu n'aurais pas dû croquer cette vieille sorcière… lui lance Alex avant de prendre ses jambes à son cou. Car, comme tout le monde le sait, personne ne peut supporter de manger une sorcière… pas même un monstre !

Le Croquetou coquet

Christine Palluy
Cécile Hudrisier

Noé et Fanny sont assis devant leur assiette. Ils font une drôle de tête, ils boudent, ils rouspètent. Tatie Liette leur a préparé des épinards au jambon.
– Non ! hurle Fanny, les épinards, c'est pas bon !
– C'est vrai, continue Noé, c'est de l'herbe, on n'est pas des moutons !
Le doigt de tatie Liette se lève comme une baguette :
– Si vous ne mangez pas, le Croquetou viendra. Dans son gros sac, il vous emportera, et ensuite il vous croquera !
Tatie Liette sort dans le jardin.

Les enfants restent seuls. Ils montent
sur la table pour chanter en levant
les bras :
– Le Croquetou n'existe pas !
Croquetou, Croquetête, tu es tout fou
et tu es trop bête !
Ils rigolent, ils dansent, ils s'amusent,
quand soudain, derrière eux,
une grosse voix grogne :
– Vous parlez de moi ?
Fanny et Noé se retournent. Horreur !
Un bonhomme violet est debout,
bras croisés, devant la porte fermée.
Il a un nez crochu, des oreilles pointues
et un gros sac ventru.
Les enfants hurlent en sautant
sous la table :
– Alerte ! C'est le Croquetou !

– Eh oui ! ricane le Croquetou en ouvrant grand son sac. Allez ouste, je vous emmène ! Je vous mangerai sucrés avec de la crème !

Noé et Fanny appellent tatie Liette, mais elle n'entend rien, elle est au fond du jardin. Noé bredouille :

– On a mauvais goût, Croquetou, il ne faut pas nous manger !

– Mauvais ? Que non, que non ! ricane le Croquetou en remuant son nez.

Fanny tremble.

– On ne parlait pas de vous, Croquetou, on chantait une comptine !

– Comptine ? Que non, que non ! ricane le Croquetou en se léchant les babines.

Noé essaye :

– On a avalé trop de bonbons, Croquetou, vous allez faire une indigestion !

– Indigestion ? Que non, que non ! ricane le Croquetou en se frottant le bedon.

Et hop ! sans plus attendre, le Croquetou les soulève par les bretelles.

Fanny hurle :

– STTTOOOPPP ! C'est affreux ! C'est abominable !

Le Croquetou s'arrête net.
Vite, Fanny trouve une idée :
– Il y a d'horribles boutons, là,
sur votre nez !
– Oh non ! pas sur mon nez !
souffle le Croquetou, affolé.
Noé prend un air dégoûté :
– Il y en a au moins dix,
ils sont très laids et tout gonflés !
Aussitôt, le Croquetou pose les enfants.
Sans miroir, il ne peut pas vérifier.
Il tourne en rond, il est très embêté.
Que va dire sa fiancée ?
Il parle tout seul :
– Comment ai-je fait pour attraper
ces horribles boutons sur mon joli nez ?
– Moi, je sais, dit Fanny.
Vous avez croqué beaucoup trop
d'enfants ces derniers temps.
– C'est vrai, ajoute Noé, il ne faut pas
vous étonner ! Manger les enfants
à la crème, à force, ça pose
des problèmes !

Le Croquetou est de plus en plus inquiet.
Il gémit :
– Vous croyez ?
Mais comment me soigner ?
C'est Noé qui répond :
– Facile, voilà la solution :
il faut manger beaucoup d'épinards
au jambon !
Aussitôt, Noé et Fanny lui tendent
leur assiette. Le Croquetou roule
de grands yeux en prenant la cuillère.
Une bouchée, deux bouchées, ça y est,
il a tout avalé !
– C'est bon ! annonce-t-il.
Est-ce que j'ai encore des boutons ?
– Plus aucun ! répond Fanny.
Mais attention, ne croquez plus ni filles
ni garçons ! Sinon, c'est sûr,
les boutons reviendront !
Le Croquetou sourit :
– Ah ça non ! Plus jamais ! Promis juré !
Il ajoute en caressant son nez :
S'il vous plaît, pourriez vous
m'appeler lorsqu'on vous donne
des épinards au jambon ?
– Bien sûr, Croquetou,
répondent Fanny et Noé,
nous t'appellerons
dès que nous en aurons !

Le Croquetou ouvre la porte
en dansant tellement il est content.
– Vraiment charmants, ces enfants !
chante-t-il en repartant.
Ouf ! Il a filé juste à temps !
Voilà tatie Liette qui revient du jardin,
un panier de noisettes à la main.
Elle n'a rien vu, heureusement !
Elle aurait eu vraiment peur,
tout à coup, si elle avait vu
le Croquetou !

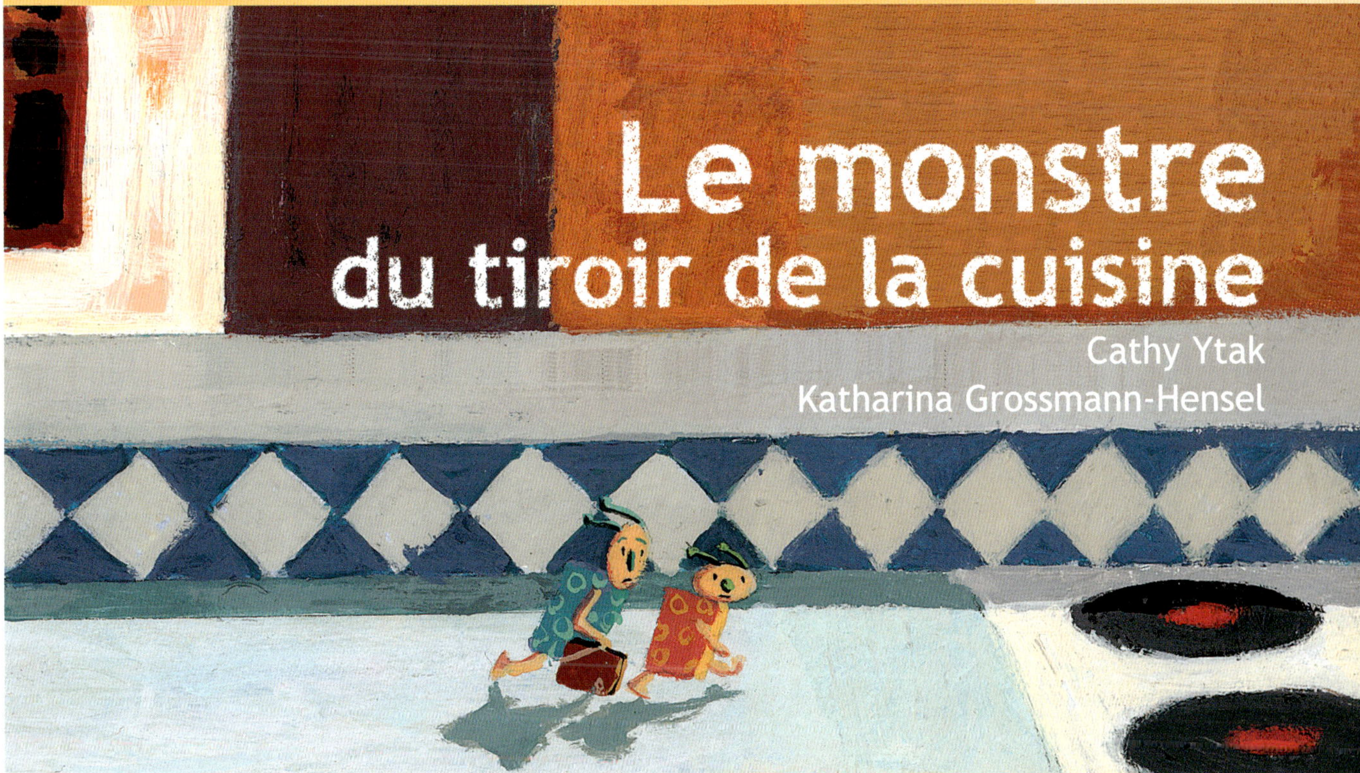

Le monstre du tiroir de la cuisine

Cathy Ytak
Katharina Grossmann-Hensel

Il y a un monstre au fond du tiroir de la cuisine. Je le sais parce qu'une fois je cherchais un élastique, et que, des élastiques, il y en a toujours dans le fond des tiroirs, surtout dans celui de la cuisine. Comme le tiroir coinçait et ne s'ouvrait pas complètement, j'ai glissé ma main dedans, et quelque chose m'a piqué le bout des doigts. J'ai fait « aïe ! », et là j'ai entendu une grosse voix me dire :
– Il ne fallait pas toucher à mes antennes.
J'ai regardé mes doigts : il y avait deux petites gouttes de sang dessus.

Je me suis défendue :
– Je ne voulais pas toucher tes antennes.
D'ailleurs, je ne sais même pas qui tu es.
– Je suis le monstre du fond du tiroir.
J'ai eu un frisson. Un monstre !
Dans le tiroir ! Dans la cuisine !
Je me suis précipitée dans la chambre
de ma grande sœur, qui est très grande
et très bête, mais je n'avais pas
le choix : il n'y avait qu'elle à la maison.
D'abord, elle ne m'a pas crue.
Elle m'a dit que j'avais tout inventé
pour la déranger.
– T'as qu'à venir voir,
si tu ne me crois pas !
Elle est venue dans la cuisine,
elle a glissé sa main dans le tiroir et…
– Aïe, il m'a piqué, la sale bête !
Elle a ressorti son doigt
avec deux petites gouttes de sang
dessus. Elle est partie, très fâchée,
s'enfermer dans sa chambre,
et je suis restée toute seule
pour affronter le monstre. J'ai pensé
que, si je n'ouvrais plus, il ne pourrait
pas s'échapper. Mais j'avais toujours
besoin d'un élastique, alors j'ai rouvert
le tiroir, j'ai glissé ma main…
– C'est pas fini de me déranger
toutes les cinq minutes ?
a rugi le monstre.
J'ai retiré très vite ma main
avant qu'il ne me pique.
Ouf ! J'en ai conclu que, si le monstre
piquait, il n'était pas très rapide.
Et puisqu'il parlait, j'en ai profité

pour lui poser des questions.
Le monstre était très content
que je m'intéresse à lui, et il m'a expliqué
plein de choses sur sa famille.
– Il y a les monstres qui se mettent
en boule comme des hérissons
et qui griffent. Il y a les monstres
qui referment brutalement les tiroirs
pour te coincer les doigts, et ceux
qui poussent de toutes leurs forces
pour les faire tomber. Il y a ceux
qui dévissent les poignées sans arrêt,
et il y a aussi les monstres
qui se cramponnent sur les côtés
pour empêcher les tiroirs de s'ouvrir
correctement.
– Ah ? Donc, toi, si je comprends bien,
tu es un monstre qui empêche
les tiroirs de s'ouvrir correctement ?
– Non, ça, c'est mon cousin.
– Vous êtes deux monstres dans ce tiroir ?
– Trois, parce qu'il y a aussi ma cousine
Marie ; elle coince le côté droit,
et Alfred coince le côté gauche.
– Ouh, là, là ! quelle famille… Et toi ?
– Moi, je pique le bout des doigts.
– Ah oui, ça, je sais ! Mais pourquoi
tu fais ça ?
– Parce que j'ai besoin de laisser
mes antennes dépasser pour respirer,
et elles sont très piquantes au bout.
Je n'y peux rien. Et ça ne m'arrange pas,
tu sais, je dois te l'avouer : je déteste
qu'on vienne se piquer dessus.
Et surtout, j'ai horreur du sang.
– Est-ce que je peux faire quelque chose

pour t'aider ?
– Je ne sais pas, dit le monstre d'un ton pensif. Je ne vois pas comment…
– Chut ! Voilà maman qui rentre du travail…
– Qu'est-ce que tu fais la tête dans le tiroir, ma biquette, tu cherches quelque chose ?
– Euh, eh bien… un élastique, m'man. Mais le tiroir… Il…
– Oui, il coince de plus en plus. Attends, on va arranger ça.
Maman, c'est la reine du marteau. Avant même que je finisse ma phrase, elle disparaît, mais elle revient aussitôt avec sa boîte à outils. Je n'ai pas le temps de la mettre en garde, elle est déjà partie à l'assaut du tiroir… et des trois monstres qu'il y a dedans : celui qui pique et ses cousins, Alfred et Marie, qui coincent.
– Quel fouillis là-dedans ! Tiens, ils sont là, tes élastiques, et… Aïe ! Mais qu'est-ce que c'est que ça ? crie maman en secouant son doigt, sur lequel coulent deux petites gouttes de sang.

– C'est le monstre de…
Mais maman ne m'écoute pas.
Elle tire un grand coup, et le tiroir tombe par terre. Elle le ramasse, le pose sur la table, enlève tout le fouillis qu'il y a dedans et s'exclame :
– J'ai trouvé le coupable ! Ce sont les deux pointes d'une agrafe qui dépassaient du bois, tout au fond.
Elle prend son marteau, et vlan !
Un grand coup sur les antennes piquantes du monstre.
– Attentio…
Et vlan, un autre coup.
Je me bouche les oreilles.
– Ça y est, ma biquette !
Tu ne vas tout de même pas avoir peur d'un coup de marteau !
Maman remet tous les élastiques, les bouchons et les petits machins dans le tiroir, et le referme en disant :
– Je le rangerai plus tard…
En attendant, voilà une bonne chose de faite.

Le temps qu'elle range sa boîte à outils, je m'approche du tiroir, je le tire doucement et glisse ma main dedans. C'est tout lisse. Le monstre du fond du tiroir a disparu. Au moment de le refermer, j'entends une toute petite voix :

– Attends, ne ferme pas tout de suite !

– Oh… C'est toi, le monstre qui pique ? Tu es encore là ?

– Oui, mais maintenant je suis tout lisse. Je suis devenu le monstre du tiroir qui caresse les doigts. Mes antennes sont un peu abîmées, mais je respire encore très bien et je suis très content : elles ne piqueront plus personne.

– Et ton cousin Alfred, le monstre qui s'agrippe sur le côté des tiroirs ?

– Il a profité d'un moment d'inattention pour partir dans le tiroir de la commode avec ma cousine Marie. Mais, chut ! Revoilà ta mère. Tu viendras me dire bonjour de temps en temps, puisque je ne pique plus ?

– Promis, j'ai dit, en lui faisant une petite caresse du bout des doigts.

Et c'est ainsi que le monstre du tiroir de la cuisine est devenu mon copain.

Le Yapadocus

Roselyne Morel
Muriel Kerba

Moi, dès que je vois un téléphone,
je sens des picotements dans les doigts,
je me mets à avoir chaud, mais chaud !
J'ai les jambes en coton,
avec tous ces chiffres, il ne faut pas
se tromper. Ouf, c'est fait, 03 81 39…
Qu'est-ce qui se passe ?
C'est bien le numéro de Justine, non ?
Une voix grave me dit dans l'appareil .
– Y'a pas d'abonné au numéro que…
Tout se brouille autour de moi.
Un vacarme infernal bourdonne
dans ma tête. Je lâche le téléphone.
Il m'a fait peur, ce… ce…
avec sa voix de caverne ! Par terre,

le téléphone en morceaux proteste
avec un sifflement strident,
comme une alarme. La terre tremble.
Une épaisse fumée s'élève du sol.
J'aperçois, à travers un rideau de poussière
et de feu, la silhouette effrayante
d'un Yapadocus. Ses pas ébranlent le sol.
Il fonce droit sur moi !
– Tu m'as dérangé ! gronde l'animal.
Sûr que je n'ai pas voulu ça.
Le Yapadocus est né
pendant la préhistoire, d'une mère
diplodocus et d'un père tricératops.
De sa mère, il tient son grand cou mince
et sa longue queue nerveuse.
De son père, il a hérité ses trois cornes
qui vous tueraient un mammouth
d'un seul coup. De ses ancêtres
lointains, les dimétrodons, il a gardé
la démarche lourde, la peau écailleuse
et trente-cinq rangées de dents
carnassières qui repoussent
aussitôt tombées. Il est plus haut
qu'un immeuble de trois étages.
Tandis que ses pas résonnent,
on dirait qu'il écrase la planète
tout entière sous ses pieds.
Devant lui, je me sens une puce,
une fourmi, un mini microbe,
mille milliards de fois plus petite
que le plus minuscule des microbes
microscopiques.
Il roule des yeux et s'écrie :
– Sache que je suis mille milliards
de fois plus grand que le plus majuscule
des méga-macro-maxi-monstres

gigantissimes de cette planète.
Son souffle provoque un tourbillon qui me soulève au-dessus du canapé du salon et plus haut encore, au-dessus du plafond, qui a craqué, bien sûr.
– Ah, ah !
Il rit si fort que les vitres de l'appartement se brisent. Les murs se lézardent.
Je ne sais pas où m'accrocher. Son souffle fétide me renvoie d'un côté à l'autre de la pièce. Affolée, j'essaie d'abord de m'agripper à son cou et puis… j'attrape ce que je peux… bizarre, cette chose douce. Elle glisse, je la serre, j'y plante mes ongles, et le Yapadocus, énervé, m'ordonne :
– Lâche-moi !

Tiens, j'arrive à l'énerver ? Je regarde mieux ce que j'ai dans la main : rien moins que son oreille ! Je me suis pendue à l'oreille gauche du Yapadocus ! Je la sens qui se tortille sous mes doigts. Le monstre a donc un endroit sensible, il ne supporte pas qu'on y touche ! Il secoue la tête. Il veut que je dégage ! Mais je ne lâche pas prise. Je me balance au-dessus du parquet, mais je tiens bon. Je n'ai pas envie de me retrouver en bouillie sur le sol.

– Arrête, tu me chatouilles, dit-il soudain d'une voix tendue.

Je le tiens par son point faible et il n'en peut plus. J'en profite pour sauter dans le creux de son oreille, où je me sens plus stable, et je lui crie :

– Vous avez démoli ma maison.

Un profond hoquet le secoue.

– Ta maison ? Qu'est-ce que c'est, une maison ?

Il est bête, ou quoi ? Un si grand corps pour si peu de cervelle ! Ça me donne une idée. Je danse un tantinet dans son oreille histoire de l'agacer un peu plus. Il essaie de m'en chasser, mais je sais bien qu'il n'y arrivera pas. Ses pattes sont trop courtes !

Il bouge de quelques pas et ça me permet de me pencher vers un bout de bibliothèque resté debout et d'attraper *le Grand Livre de la préhistoire*. Ce livre, je le connais par cœur ! Au milieu, une immense caverne préhistorique est dessinée sur une double page. Je la montre au Yapadocus et lui explique :

– C'est ça, une maison. Ta maison.

Le Yapadocus pousse un petit cri. Étonnée, je l'observe de plus près, et c'est alors que je remarque un triangle blanc entre ses deux yeux. Je tourne les pages. Page trois, ses cousins brontosaures, kronosaures et tyrannosaures marchent dans une forêt sombre. Page quatre, un volcan crache le feu. Page cinq, la mer se soulève en tempête. Page six, les dinosaures arrachent les arbres pour se nourrir. À chaque image, le cri du Yapadocus se fait plus fort et le triangle sur son front se fait plus blanc. Il ulule comme une armée de chouettes. Mais brusquement, à la vue de la dernière page, le Yapadocus se tait : sur l'image, un petit dinosaure avec un triangle blanc entre les deux yeux se repose à l'abri d'une grotte, au pied de la montagne, pendant que, dehors, les éclairs zèbrent le ciel. Le tonnerre gronde et… je ne comprends pas ce qui se passe.

Le Yapadocus émet une espèce de ronronnement, puis il s'avance vers le balcon, jette son long cou, tête en avant, par-dessus la rambarde et, d'un saut puissant de ses courtes pattes, il bascule dans la rue en emportant le muret. Je m'approche pour le suivre des yeux par le trou du balcon. Le Yapadocus, pressé, soulève dans sa gueule les grands pans de mur qui obstruent l'avenue et se dirige à pas rapides vers la sortie de la ville. Maintenant, il s'attaque aux barrières, aux haies, aux grilles des jardins et aux maisons qui bloquent son chemin. Il les lance dans le lointain, tordues, brisées par ses dents redoutables.
J'entends, comme au travers d'un coton, s'ouvrir derrière moi la porte du salon. En même temps, je vois que les rafales de vent redoublent sur le passage du Yapadocus. Il fouette de sa queue les trombes d'eau qui se déversent sur la route, et ses énormes pattes font jaillir des gerbes d'écume si puissantes qu'elles retombent en cascades violentes.

Cette fois, le Yapadocus ne voit plus rien
et il s'arrête. Ses naseaux palpitent.
Il hume l'air pour retrouver son chemin
et pousse un cri qui déchire les oreilles.
Au loin, très loin, très, très loin,
le petit dinosaure l'appelle.
Alors le Yapadocus essaie de marcher
vite, très vite, de toute la force
de ses courtes pattes.
Je distingue confusément une voix
dans mon dos, une voix qui se fait
de plus en plus nette, une voix
que je connais :
– Ouh, ouh, Émilie, c'est moi, dit maman.
J'ai trouvé Justine à la porte.
Je regarde maman, je regarde Justine,
je regarde le balcon, je regarde
l'appartement. Les vitres sont revenues,
le plafond et les murs se sont recollés.
Le salon a retrouvé son aspect normal.

Qui pourrait croire que le Yapadocus
était encore là il y a cinq minutes ?
Il est vraiment parti, maintenant.
– Salut ! dit ma copine tout en découvrant
les morceaux du téléphone par terre.
Ah ben, je comprends, maintenant.
Je pouvais toujours essayer de t'appeler !
Je hoche la tête sans donner d'explication
et, machinalement, je me mets à recoller
les morceaux.
Maintenant, je sais comment faire
si le Yapadocus revient.
Et franchement, je ne suis pas sûre
qu'il reviendra. Il a mieux à faire,
avec son petit dino.

Le monstre du placard

Geneviève Noël
Cécile Hudrisier

Dimanche après-midi, maman a déclaré d'une voix lugubre :
– Il faut faire le ménage à fond. Plus vite on commencera, plus tôt on terminera !
Aussitôt, papa a bondi de son fauteuil :
– Hem… moi, je vais arroser la pelouse.
– Il pleut à verse. La pelouse s'arrose toute seule, a répondu maman.
Et hop, elle lui a mis un plumeau dans les mains.
Quand maman a l'humeur ménagère, il vaut mieux disparaître très loin, aussi je me suis dirigée au petit trot vers le couloir. Mais maman

BOUM
BOUM
boum

m'a attrapée par mon tee-shirt
et m'a dit gentiment :
– Zoé, tu as une petite heure
pour ranger ta chambre. Ensuite,
j'arrive avec mon aspirateur.
L'aspirateur de maman est du genre
robot goulu. Il avale ce qui traîne,
et n'aime pas le recracher. Alors,
si je ne rangeais pas mes affaires
chéries, je ne les retrouverais jamais.
Après avoir regardé autour de moi,
je me suis précipitée sur les CD
qui s'entassaient sur une chaise
et je les ai fourrés dans un sac
plastique. Puis j'ai attrapé
mon survêtement de gym, mon pull
préféré, mon gros dictionnaire,
et je me suis approchée du placard.
Boum boum, il s'est mis à remuer.
Ça m'a fait un drôle d'effet,
et j'ai dit d'une toute petite voix :
– On dirait que quelqu'un est caché
dans le placard !
Aussitôt, j'ai entendu une voix rauque
supplier :
– Zoé, ouvre-moi la porte !
J'ai bredouillé :
– Qui… que… Kicé ki parle ?

– Je m'appelle Karaté, a répondu la voix, et je suis un gentil petit monstre. Si tu m'ouvres la porte, je t'expliquerai tout.
Je me suis pincée. Mais ouille, je ne rêvais pas.
Pas très rassurée, j'ai bredouillé :
– Ka… Karaté, ce n'est pas un nom de monstre. Et les monstres, ça ne vit pas dans les placards.
– Je suis d'accord avec toi, c'est pour ça que je veux sortir, a ronchonné Karaté. J'étouffe, je n'en peux plus, je vais devenir fou.
Une énorme boule s'est installée dans mon estomac. D'accord, j'étais assez grande pour savoir que les monstres et les sorcières n'existaient pas pour de vrai mais, en même temps, je me disais : « Si j'ouvre le placard et que je me trouve nez à nez avec un horrible monstre, il me dévorera en trois bouchées, et mon papa et ma maman ne me reverront plus jamais. »
Pour gagner du temps, j'ai bégayé :
– N'essaie pas de sortir ! Sinon, l'aspirateur de maman va t'aspirer, gloup, d'un coup !

– Ne t'énerve pas, a gémi Karaté.
Si tu me délivres, j'exaucerai
ton souhait le plus cher.
Promis juré craché.
D'un seul coup, j'ai eu envie de parler
au monstre du placard.
Parce que, mon souhait le plus cher,
je le connaissais par cœur.
Je me suis donc exclamée :
– Est-ce que, par hasard,
tu connaîtrais une formule magique
pour que les chambres
se rangent toutes seules ?
– Voyons voir, a grommelé le monstre…
Ah oui ! j'en connais une !
Elle ne marche que si un enfant
de ton âge la prononce. Ouvre vite.
Grâce à moi, tu auras une vie
de princesse !
Par prudence, j'ai pris ma raquette
de tennis dans la main droite.
Comme ça, si Karaté essayait
de me dévorer, je lui donnerais
un grand coup sur la tête.
Puis j'ai ouvert la porte du placard.
Karaté est sorti en s'étirant des oreilles
aux doigts de pied.
C'était un monstre pour de vrai,
mais pas un monstre qui fait peur :
ses petits yeux orange brillaient
comme deux soleils, et sa grande
bouche rose souriait d'une oreille
à l'autre. Il s'est approché à pas
de velours, et j'ai recommencé
à avoir peur.
Horreur, Karaté était peut-être

un horrible monstre déguisé
en gentil monstre.
– Arrête de trembler, Zoé, a protesté
Karaté. Je n'ai jamais mangé d'enfants
de ma vie !
Je l'ai regardé au fond de ses yeux
orange, et j'ai compris qu'il disait
la vérité. Tout content, Karaté a déclaré :
– Le pays des monstres se trouve
dans une grande forêt où il neige
tous les mois de l'année. Dans cette forêt,
il y a des gentils monstres, et puis aussi
des monstres grognons. Et ce matin,
pour m'amuser, j'ai lancé une énorme
boule de neige sur la tête du roi
des monstres grognons. Ce n'était pas
une bonne idée ! Le roi des monstres
grognons est devenu vert de rage
et il m'a emporté dans un tourbillon glacé.
Quel cauchemar ! Sans savoir comment,
je me suis retrouvé enfermé
dans ton placard. Et l'horrible roi
a ricané : « Hé, hé ! tu es dans la chambre
de Zoé. C'est une froussarde !
Jamais elle ne voudra te délivrer. »
J'ai senti la colère m'envahir. Non mais,
j'allais lui dire deux mots, moi,
à ce monstre en mie de pain !
Maman ne m'en a pas laissé le temps.
Elle a crié du salon :
– Zoé, j'arrive !
Aussitôt, Karaté a bondi sur ses pieds :
– Zoé, si tu dis tout bas :
KARABOUKA POUBEKA KADAKA,
ta chambre se rangera toute seule
pendant une année.

Et il a bondi dehors par la fenêtre
entrebâillée.
J'ai crié de toutes mes forces :
– Tu vas me manquer.
Reviens me voir bientôt !
RRRRRR, l'aspirateur de maman
s'est approché en rugissant.
Et je n'ai pas pu entendre la réponse
de Karaté.
La porte s'est entrouverte.
J'ai dit à toute vitesse :
– KARABOUKA POUBEKA KADAKA.
Et ô merveille, tous les objets
qui traînaient se sont rangés
dans le placard et sur les étagères.
Maman a fait « aaaaaah ! » en voyant
ma chambre plus que bien rangée.
L'aspirateur, lui, a hoqueté de rage.
Il était vraiment déçu
de n'avoir rien à avaler.
Moi, je me suis installée devant la
télé, mais, au lieu de m'intéresser au
western qui passait, je me suis dit :
« Maintenant, ma chambre se rangera
toute seule pendant une année.
Mais ce que j'adorerais savoir,
c'est si Karaté a répondu oui
quand je lui ai demandé
de revenir me voir. »

KaRaBouKA
POUbEKa
kadAKa
BOUm

Le géant des gros mots

Béatrice Rouer
Isabelle Chatellard

Dans un petit village tout près d'une grande forêt, un jour, le vent se lève et une énorme tempête commence à souffler.
Le vent est très fort : il secoue tout, il arrache tout. Hou-ou-ou, le vent souffle pendant trois jours et trois nuits. Enfin, le quatrième jour, la tempête s'arrête. Les gens du village sortent de leur maison et regardent les dégâts : les toits ont été à moitié arrachés, les arbres de la grande forêt sont par terre et, dans les champs, les épis de blé sont cassés. Tout le monde regarde

et personne ne parle, tellement
c'est horrible à voir.
Et voici que, dans le grand silence,
quelqu'un surgit de la forêt : un géant !
– Bonjour, dit le géant. La tempête
a démoli ma maison, et je voudrais
la reconstruire ici dans votre village.
Est-ce que, vous le permettez ?
Les gens réfléchissent, et puis
ils se disent que ce géant a l'air
bien gentil, si gentil qu'ils peuvent
lui dire « oui ». Aussitôt, le géant
se met au travail. La la la pom pom
pom, il ramasse tous les arbres cassés.
Lalala, pom, pom, il en tient quatre
énormes dans sa main.
C'est merveilleux à voir, et les enfants
le regardent avec admiration.

Parmi eux, le petit Martin regarde
encore plus fort que les autres.
C'est un petit garçon qui n'a peur
de rien. Le voilà qui escalade le pied
du géant, qui escalade la jambe
de son pantalon, et hop ! il arrive
dans sa poche. Hop, hop encore !
en s'agrippant aux mailles
de son pull-over, il atterrit
sur son épaule. Formidable !
Ses copains ont l'air tout petits.
Et lui, bien perché, il entend le géant
qui chantonne :
« Les arbres ont été arrachés,
poisson pané, Le vent les a abattus,
saucisson cru, et moi je les ai pris,
camembert pourri, pour bâtir ma maison,
couenne de jambon. »

Le soir, en rentrant chez lui,
le petit Martin est très excité. Il raconte
à ses parents quelle journée formidable
il a passée, et puis il se met
à chantonner la comptine du géant.
– Qui t'a appris ça ?
demandent les parents.
– C'est le géant !
– Ah bon ! Hum hum… c'est très
mignon, ce géant est vraiment char-
mant,
dit la maman.
– Et il fait surtout du bon travail,
ajoute le papa.

Le lendemain, vite, le petit Martin court
retrouver son géant. Il est déjà occupé
à ramasser des bouts de tuiles cassées
pour faire le toit de sa maison.
Hop, hop ! en deux bonds, le gamin
escalade le géant ; celui-ci lui fait
un grand sourire. Et pour lui tout seul,
il chantonne :
« L'année dernière, j'ai vu une sorcière,
Et pan dans l'derrière !
Elle était avec une fée,
Et vlan dans les trous d'nez ! »

Si bien que, le soir, le petit Martin
recommence à chantonner
ce petit couplet.
Son papa et sa maman sursautent :
– Qui t'a appris ça ?
– C'est le géant.
– Hum ! dit la maman, je me demande
si ce géant est bien convenable.

– Peut-être que oui, peut-être que non, répond le papa, mais en attendant, grâce à lui, tous les morceaux de tuiles cassées ont été ramassés, et les toits de nos maisons sont presque réparés.

Le troisième jour, très tôt, le petit Martin court rejoindre son ami.
Celui-ci l'attend et, dès qu'il le voit, il se baisse pour l'aider à grimper juste sur le rebord de son oreille.
Et tous deux s'en vont dans les champs ramasser les épis de blé cassés pour en faire un gros matelas dans la maison du géant.
Le géant travaille vite et bien.
Il se sert de ses mains comme d'immenses râteaux.
Mais il fait chaud, et la paille lui pique les doigts. Alors, sans y penser, il se met à dire un tas de gros mots.
Des gros mots vraiment terribles !
Le petit Martin est ravi, il n'en a jamais entendu de si beaux, même quand son papa se met vraiment en colère. Seulement, le soir au dîner, bêtement, il se met à les répéter.
Là, c'en est trop ! Son père devient rouge de colère et il explose :
– Qui t'a appris ça ?
– C'est le géant !
– Oh, dit sa mère, je vois bien que ce géant est affreusement mal élevé.

Martin, à l'avenir,
je te défends d'aller le voir !
Seulement, le lendemain, tout le village
organise une fête pour remercier
le géant d'avoir si bien travaillé.
Le petit Martin et ses parents
sont invités aussi, bien sûr,
mais, pour qu'ils ne puissent pas se parler, les parents le placent à un bout
de table, et le géant juste en face.
Celui-ci regarde son ami sans rien dire.
Il est triste, il n'a pas envie de manger.
Son assiette reste pleine.
Alors, le père de Martin lui demande :
– Vous ne mangez pas vos cacahuètes ?
En entendant cela, brusquement,
le géant éclate d'un énorme rire :
– Caca-huète, oh, le beau gros mot !
À l'autre bout de la table, le petit Martin
éclate de rire aussi :
– Hi, hi, hi ! caca-huète, hi, hi, hi !
Ses parents le regardent sans comprendre.
La maman de Martin est même
un peu fâchée :
– Tu pourrais fermer la bouche
quand tu ris, et mange proprement,
il va arriver une catastrophe.
Alors, le géant rit encore plus fort :
– Une caca-quoi ?
Hi, hi, hi, ha, ha, ha, ho, ho, ho !
Et le petit Martin est plié en deux,
tellement il rit aussi.
Tout autour de la table, les villageois
les regardent. Plus personne ne parle.
Est-ce qu'ils sont fâchés ? Tout à coup,
le boucher éclate de rire :

– Catastrophe, hi, hi, ça alors !
Et puis, soudain, les parents du petit Martin s'y mettent aussi et ils disent :
– Fiston, tu t'es fait un sacré copain !
Depuis ce jour, le petit Martin a la permission d'aller se promener avec son ami le géant.
On les entend souvent rire tous les deux en criant « catastrophe » et un tas d'autres mots de ce genre qu'ils s'amusent à inventer.
Et le soir, quand le petit Martin les raconte à ses parents, ils ne se fâchent pas du tout.
Au contraire, ils sont morts de rire et vont les répéter à leurs amis !

Mon monstre à moi

Olivier Ka
Katharina Grossmann-Hensel

Théo ouvre les yeux, aspire un grand coup… et pousse un cri de terreur. À deux mètres de lui, juste au bout du lit, il y a un monstre. Un grand monstre à la peau luisante et flasque, à la tête allongée vers l'avant et à la mâchoire puissante. Un monstre tellement grand que son crâne touche le plafond. Le monstre lève un bras et place un de ses gros doigts griffus devant sa large bouche, faisant signe au garçon de baisser d'un ton. Maman déboule dans la chambre, affolée. Elle se précipite sur Théo.

– Qu'est-ce qu'il y a, mon ange ?
dit-elle en se penchant sur lui.
Comment ça, « qu'est-ce qu'il y a ? »...
Elle est aveugle ou quoi ?
– Tu as fait un cauchemar, c'est ça ?
demande-t-elle.
– Le... le monstre ! lance Théo
d'une voix brisée.
– Tu as rêvé d'un monstre ?
Oh ! mon pauvre trésor...
Elle lui dépose un baiser sur le front,
puis le rassure :
– Tout va bien. C'est fini, maintenant.
Je suis avec toi, et tu ne risques
plus rien.
Immobile, le monstre regarde la scène
d'un œil attendri. Maman passe la main
dans les cheveux de Théo et dit :
– Allez, dépêche-toi de te lever,
je vais préparer ton chocolat.
Puis elle tourne les talons et retraverse
la chambre. Elle quitte la pièce sans avoir
remarqué la présence du monstre.
Théo reste un long moment tétanisé
dans son lit sans oser cligner
des paupières. Comment se fait-il
que maman n'ait pas vu le monstre ?

Celui-ci ne bouge pas d'un poil
et ne quitte pas Théo des yeux.
Tout doucement, le garçon repousse
ses draps et sort de son lit.
En tremblant, il avance vers la porte.
Le monstre se met en mouvement
et suit Théo jusqu'à la cuisine.
– Oh, là, là ! tu as une drôle de tête !
fait maman. Tu te sens bien ?
Tu es tout pâle…
– Tu… ne vois pas le… le monstre ?
– Ah, c'est encore ton cauchemar
qui te trotte dans la tête…
Viens t'asseoir et n'y pense plus.
Théo est abasourdi. Il se retourne.
Le monstre est toujours là.
Il est effrayant, c'est vrai,
mais il n'a pas l'air si méchant,
en fin de compte. S'il voulait du mal
à Théo, il l'aurait déjà attaqué, non ?
Papa est devant sa tasse de café.
Il lève la tête, pose un regard endormi
sur son fils et marmonne un vague
« b'jour ». Lui non plus ne voit pas
le monstre.
Maman pose le bol de chocolat
sur la table. Théo avale son déjeuner
et, petit à petit, s'habitue à la présence
du monstre dans son dos.
De retour dans sa chambre,
alors qu'il est en train de s'habiller,
Théo s'adresse au monstre,
qui ne l'a pas lâché d'une semelle :
– Qu'est-ce que tu me veux ?
La gigantesque chose ne répond pas.
– Tu es venu pour me faire peur ?

Pas de réaction.
– Tu arrives d'une autre planète ?
Le monstre ne semble même pas entendre Théo. À moins qu'il ne comprenne pas son langage...
– Je veux que tu t'en ailles, dit le garçon.
Aussitôt, le monstre fait demi-tour et se dirige vers la porte. Ça alors ! Il ne répond pas aux questions, mais en revanche il exécute les ordres.
– Non, reviens !
Le monstre tourne les talons et avance vers le garçon.
– Ramasse... heu... cette chaussure.
Le monstre se plie en deux et empoigne la basket de Théo.
– Alors c'est ça, tu fais tout ce que je veux... Et en plus, personne ne peut te voir à part moi...
Théo tape dans ses mains et s'exclame :
– C'est génial !
Sur le chemin menant à l'école, le monstre ne quitte pas Théo d'une semelle. Il le suit, silencieux et docile. Quand Théo lui dit de prendre ceci ou de lancer cela, le monstre le fait aussitôt. Un vrai robot programmé pour obéir.
Dans la classe, c'est comme à la maison : personne ne voit le monstre.

Celui-ci s'installe au fond de la pièce, non loin de Théo. Une heure après le début des cours, Théo chuchote au monstre :

– Au moment où le maître ira s'asseoir, tu tireras sa chaise en arrière…

Le monstre traverse la classe sans que quiconque ne lève la tête vers lui. Il s'approche du bureau de l'instituteur et empoigne le dossier de sa chaise. Quand le maître se retrouve les fesses par terre, tous les élèves explosent de rire.

Durant toute la journée, sur les ordres de Théo, le monstre perturbe la classe. Il fait tomber des trousses sur le sol, décroche les affiches des murs, tire les couettes des filles, renverse des pots de colle… Théo rit tellement qu'il en a mal aux joues.

Pour la première fois de sa vie, il est déçu quand la cloche sonne la fin des cours.

Le lendemain matin,
toujours accompagné de son monstre,
il se rend à l'école d'un pas impatient.
Il a eu des tonnes d'idées pour semer
la zizanie. Mais, arrivé dans la cour
de récréation, il se raidit et perd
toutes ses couleurs car, sous le préau,
campé tout près de Pierre, un garçon
de sa classe, se trouve
un autre monstre, identique au sien.
Les deux enfants se lancent
des regards meurtriers.
Puis, sans qu'aucun ordre
n'ait été donné,
les monstres se précipitent
l'un vers l'autre.
À la manière de deux chiens enragés,
ils se battent, se frappent, se poussent.
Théo rejoint Pierre
et lui hurle au visage :
– Dis à ton monstre de laisser
le mien tranquille !

– C'est plutôt à toi de retenir le tien !
Les monstres, empoignés l'un à l'autre, roulent par terre. Les deux garçons font de même. Tous les élèves de l'école se massent autour d'eux pour assister à l'affrontement.
L'instituteur arrive rapidement et les sépare.
– Qu'est-ce qui vous prend, vous deux ? ! Vous êtes devenus dingues, ou quoi ? !
Le maître les entraîne dans la classe, puis les place chacun à un coin de la pièce, face au mur.
– Vous resterez là toute la matinée, ça vous calmera peut-être !
Les autres élèves entrent en classe. Quelques minutes s'écoulent avant que Théo, discrètement, jette un œil par-dessus son épaule.
Les deux monstres sont derrière la fenêtre. Le visage collé aux carreaux, ils font d'horribles grimaces.
Théo et Pierre se regardent brièvement, puis, en même temps, éclatent de rire.

Le monstre du tuyau de la douche

Cathy Ytak
Vincent Mathy

J'en suis sûr. Sûr et certain. Il y a un monstre dans le tuyau de la douche. Quand on ouvre le robinet, l'eau coule. Jusque-là, tout va bien : un robinet qui laisse couler l'eau, c'est normal. Mais si on l'ouvre en grand, on entend un sifflement de serpent. C'est lui ! C'est le monstre. Papa dit que c'est le tuyau qui fait du bruit, mais moi, je sais bien que ça n'est pas vrai. Un tuyau, ça ne siffle pas comme ça. En fait, le monstre ne doit pas aimer sentir l'eau couler, alors il siffle et il s'agrippe tellement fort aux parois du tuyau que, lorsqu'on lâche ce dernier,

dans le fond de la baignoire, il se tortille tout seul dans tous les sens.
Et on sait bien qu'un tuyau ne peut pas se tortiller tout seul dans tous les sens : il faut qu'il y ait un monstre dedans. Maintenant, je prends ma douche ou mon bain avec mon épée en plastique.
On ne sait jamais ce qui peut arriver !
Maman n'aime pas ça du tout.
Elle me dit :
– Ou tu joues, ou tu te laves.
Elle ne se rend pas compte !
Hier, le monstre du tuyau est passé à l'attaque. Papa prenait sa douche pendant que je buvais mon chocolat avec ma petite sœur, Iris.

Soudain, on a entendu un grand cri, suivi d'un énorme et terrible gros mot.
Papa est sorti tout mouillé de la salle de bains ; il a mis de l'eau partout et a hurlé :
– Qui m'a fait cette blague idiote ?
On l'a bien regardé, très étonnés, et il a compris que ce n'était pas nous.
Ensuite, il a expliqué qu'il se douchait tranquillement lorsque, d'un seul coup, toute l'eau chaude avait disparu et sa douche était devenue glacée.

« Ça, je me suis dit, pas de doute,
c'est encore un coup du monstre. »
En premier, il siffle, ensuite, il s'agrippe
et se tortille, et après il attaque…
J'avais bien dit à papa de se méfier, mais
c'est incroyable, ces grandes personnes,
elles ne vous écoutent jamais !
Alors aujourd'hui, en entrant
dans la baignoire, je n'étais pas
très rassuré. Comme j'avais promis
à maman de ne plus me doucher
avec mon épée, j'ai pris
mon savon magique :
il est bleu avec une ficelle
dedans, et si on dit trois fois
les paroles « mousse,
pousse, trousse »,
cela protège des monstres des tuyaux
(c'est ma copine Maiwen
qui me l'a dit). J'ai ouvert le robinet.
J'ai entendu le monstre siffler
et se tortiller. J'ai prononcé
les paroles magiques, et j'ai pris
ma douche très vite,
sans être ennuyé.

Après, ça a été le tour de ma petite sœur, et là, ça s'est très mal passé. Elle était en train de se déshabiller et maman vérifiait que l'eau n'était ni glacée ni brûlante (depuis l'attaque du monstre contre papa, elle est très prudente). Soudain, maman a poussé un grand cri, et Iris s'est mise à pleurer. Le monstre caché dans le tuyau de la douche avait encore frappé !

Cette fois-ci, il n'a pas sifflé,
mais il a réussi à faire pression
de toutes ses forces sur l'eau du tuyau,
qui a giclé partout dans la salle
de bains en éclaboussant ma mère
et ma petite sœur.
Or Iris est très gentille,
mais elle a horreur d'être mouillée
quand elle est encore tout habillée.
Maman aussi, d'ailleurs. Après,
elle était de très mauvaise humeur,
et a dit à mon papa :
– La douche fonctionne mal, il faut faire
quelque chose, c'est de pire en pire !
J'ai insisté en disant
que c'était le monstre du tuyau,
et cette fois-ci on m'a écouté.
Papa a bien réfléchi et m'a expliqué
qu'il y avait peut-être un moyen
de s'en débarrasser :
le tremper dans du vinaigre.
– Du vinaigre ?
Comme pour les cornichons ?
– Oui, comme pour les cornichons.
Il a pris une grande bassine, l'a remplie
de vinaigre et a mis la pomme
de la douche dedans. Mais ça n'a pas
marché, évidemment, le monstre avait
dû remonter dans le tuyau
pour ne pas être attrapé. Et le vinaigre,
tout le monde sait que ça n'a jamais tué
de monstres.

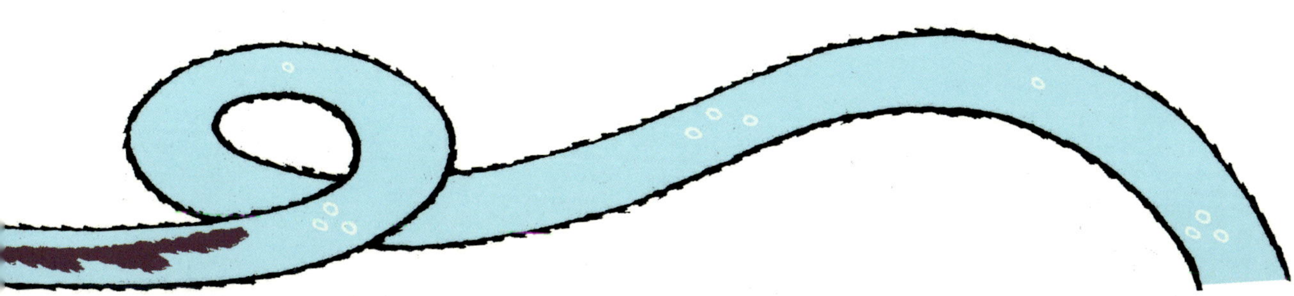

Alors maman a appelé son frère,
le plombier. Il est arrivé
avec tous ses outils et s'est enfermé
dans la salle de bains.
On a entendu des cling, des clang,
des zut, des mmmmmm,
quelques gros mots, des ahhh et des
« tu ne vas pas me résister,
je vais te dévisser, saleté de... ».
Le combat a dû être rude !
Mon tonton plombier est finalement
ressorti, tout mouillé mais triomphant,
le tuyau de la douche à la main.
– Ça y est, vous allez être tranquilles,
maintenant, tout est arrangé !
Nous étions bien contents...
mais ça n'a pas duré. Parce que,
tout à l'heure, en ouvrant le robinet,
il a coulé un peu d'eau rouillée...
et ça, je suis sûr que c'est du sang
de monstre.
C'est certain, il ne va pas tarder
à revenir nous embêter !

Le Glorg du Pas-Prévu

Olivier Ka
Isabelle Chatellard

Mes parents ont un ami,
il s'appelle Robert et c'est un écrivain.
Il écrit des histoires incroyables,
complètement folles,
avec des extraterrestres, des dragons,
des fantômes et toutes sortes
de personnages fantastiques.
Il y a quelques jours, il est venu
manger à la maison. Au cours du repas,
il a raconté un truc vraiment dingue.
Il a expliqué qu'il existe un monde
parallèle au nôtre dans lequel vivent
des monstres aux formes bizarroïdes.
Papa ricanait en répétant que Robert
avait trop bu (et, en disant cela,

il remplissait son verre de vin).
Mais moi, franchement, ça m'intéressait beaucoup. Des monstres ? Dans un monde parallèle ?
Je lui ai demandé d'être un peu plus précis. Il s'est tourné vers moi, très content d'avoir à ses côtés quelqu'un qui avait envie de l'écouter.
– On les appelle les « Glorgs », a dit Robert. Ce sont des êtres plutôt sympathiques, mais très laids, et qui font plein de bêtises.
– Comment est-ce qu'on fait pour les voir ? ai-je demandé.
– En fait, ils sont partout autour de nous, et ils font tout ce qu'ils peuvent pour qu'on ne les remarque pas.
– Ah bon ? Et il y en a là, dans la salle à manger ?
– Sans doute…

Soudain effrayé par ce que venait de déclarer Robert, j'ai tourné la tête dans tous les sens, mais je n'ai vu aucun monstre.
Papa a donné une petite claque amicale dans le dos de l'écrivain en lui disant :
– Arrête de faire marcher Gaspard, tu vas lui mettre des idées dans la tête.
Robert m'a alors adressé un sourire étrange, qui m'a mis mal à l'aise.
À ce moment-là, je n'arrivais pas à savoir si ce qu'il disait était vrai ou non. On n'a plus parlé des Glorgs pendant plusieurs heures mais, juste avant de partir, Robert s'est penché sur moi et m'a chuchoté à l'oreille :
– En fait, les Glorgs nous observent tout le temps. Ils ne sont jamais loin de nous, mais on ne les voit pas parce qu'ils savent très bien se cacher. Ils nous connaissent tellement, à force de nous surveiller, qu'ils savent exactement où on va poser les yeux. Ils devinent nos moindres gestes, alors ils se cachent là où ils savent qu'on ne va pas regarder. Ce qu'il faut faire, pour les voir, c'est quelque chose de pas prévu. Quelque chose qui surprenne les Glorgs, auquel ils ne s'attendent pas.
– Je ne comprends pas...
– Ouvre un placard, une porte, une fenêtre, comme ça, d'un coup, sans réfléchir. S'il y a un Glorg derrière, il n'aura pas le temps de se cacher

et tu le surprendras.
Il m'a fait un clin d'œil et a ajouté :
– Bonne chasse au monstre…
Le lendemain, dès mon réveil,
je n'avais plus qu'une seule idée en tête :
dénicher un Glorg. Papa et maman
n'étaient pas encore debout.
Dans la cuisine, j'ai ouvert le frigo
pour prendre le lait, comme d'habitude.
Qu'avait dit Robert ? De faire
quelque chose de pas prévu, d'un
coup, sans réfléchir. Alors, au lieu
de m'installer à table, j'ai ouvert
les portes du placard. Rien…
Je n'avais peut-être pas été
assez rapide. Je me suis penché
pour attraper un bol dans le lave-vaisselle

et, au dernier moment, je ne sais pas pourquoi, j'ai préféré soulever le couvercle de la poubelle. Et là, bingo ! Un truc immonde a jailli de la poubelle en faisant voler les ordures dans toute la pièce. J'ai poussé un petit cri de surprise. On aurait dit un tas de gelée avec une tête de crapaud, trois jambes et six bras. Robert disait donc vrai : les Glorgs existent, j'en avais un devant les yeux !

– Bien joué, p'tit gars ! m'a-t-il dit d'une voix aiguë.

– Vous… vous êtes un Glorg ? ai-je demandé.

– Parfaitement, poil aux dents !

Là-dessus, le monstre gélatineux a sauté jusqu'au plafond, puis il a rebondi partout à la manière d'une balle en caoutchouc. Il allait si vite que j'arrivais à peine à le suivre des yeux. À chaque fois qu'il se cognait quelque part, il faisait d'énormes dégâts. En quelques secondes, la cuisine semblait avoir été ravagée par un tremblement de terre. J'ai hurlé :

– Arrêêêête !

Maman est arrivée à ce moment-là.
Elle a mis sa main devant sa bouche,
horrifiée, et s'est exclamée :
– Oh ! mon Dieu, Gaspard !
C'est toi qui a fait ça ?
– Non ! me suis-je défendu.
C'est lui ! C'est le Glorg !
Malheureusement, le Glorg n'était plus
dans la cuisine. Ou peut-être
qu'il y était encore, mais bien caché.
J'ai eu beau expliquer et expliquer
encore que le responsable
était un monstre gélatineux
avec six bras et trois jambes,
personne ne m'a cru. Résultat :
je n'ai pas eu le droit de sortir
de ma chambre de tout le week-end.
Robert, l'écrivain, est revenu
à la maison hier soir et je lui ai raconté
ce qui s'était passé. Il a explosé
de rire, puis il m'a offert son dernier
roman, qui vient tout juste de sortir.
L'histoire s'appelle : *le Glorg du Pas-Prévu.*
Et le héros porte le même nom que moi.
Sur la première page, Robert m'a fait
une dédicace. Il a écrit : « À Gaspard,
le meilleur lecteur d'histoires
fantastiques que je connaisse… »

Le monstre du sèche-cheveux

Cathy Ytak
Vincent Mathy

Il y a très longtemps, enfin, très longtemps avant ma naissance, les monstres qui vivaient dans les sèche-cheveux étaient de vrais sauvages. Il faut dire qu'ils étaient nés tout au fond d'un volcan et n'avaient connu jusque-là que la lave, le feu, la chaleur et le bruit. Et, c'est bien connu, un bébé imite tout ce qu'il voit. Mon petit frère, par exemple, si je fais une bêtise, il fait comme moi.

Seulement moi, je me fais gronder
parce que je suis grand, et lui ne se fait
pas gronder parce qu'il est petit.
Personne ne grondait les bébés
monstres dans le volcan, et ils faisaient
tout ce qui leur plaisait.
Et ce qui leur plaisait par-dessus tout,
c'était souffler de l'air chaud
et ronfler toute la journée.
Un jour, un grand spécialiste
des volcans a ramassé
un de ces monstres avec des gants
spéciaux pour ne pas se brûler,
et s'est dit :
« Voilà qui va être bien pratique
pour faire cuire mes pâtes, mes œufs,
et réchauffer mon café. »

Mais ces monstres ne tenaient pas en place. Alors, le spécialiste en a enfermé un dans une boîte en plastique dans laquelle il y avait un petit trou. Le monstre s'est mis à souffler au travers, si fort, si fort… que les cheveux du spécialiste des volcans se sont dressés sur sa tête et se sont mis à friser.

– Bien sûr, il faudrait que j'arrange un peu ça, a dit le spécialiste en se frottant le crâne, mais je crois que je viens de découvrir une nouvelle fonction à ma boîte magique.

C'est ainsi que, très fier de son invention, le spécialiste des volcans est revenu en ville avec plein de petits monstres, ronflant et soufflant de l'air chaud, enfermés dans un sac. Une fois chez lui, il a montré sa trouvaille à sa femme et à son fils.

– Ça, c'est génial ! a dit le fils, je vais pouvoir sortir avec les cheveux secs et je n'attraperai plus jamais froid.

Il faut dire que le fils avait des cheveux très très longs.

Mais le spécialiste n'avait pas prévu qu'un monstre né dans un volcan ne sait que ronfler et souffler de l'air chaud sans jamais s'arrêter… même enfermé dans une toute petite boîte en plastique !

Le fils du spécialiste s'est séché les cheveux, puis les a remouillés, puis resséchés, puis remouillés, et toute la famille en a fait autant.

Le soir, tout le monde était très fatigué, sauf le monstre qui, lui, continuait à ronfler et à souffler de plus en plus fort ; la boîte était devenue si brûlante que plus personne ne pouvait y toucher.
Le lendemain matin, la femme du spécialiste s'est énervée et a donné un coup de pied dedans. Le monstre emprisonné à l'intérieur n'a pas du tout apprécié : il a vu rouge, et une grande flamme a jailli…
– Au secours ! Ce monstre est devenu fou ! Il va mettre le feu à la maison.
Le spécialiste des volcans était désespéré. Décidément, ces monstres-là étaient bien trop dangereux pour les garder chez soi.
Il allait les ramener dans leur volcan lorsque, heureusement, madame Catouine est arrivée.
Madame Catouine est une dompteuse de monstres en tout genre, spécialement de ceux qui ronflent et soufflent de l'air chaud.

Elle s'est approchée de la boîte,
a tendu l'oreille et a dit :
– Ce monstre a besoin de repos !
Et, pour qu'il se repose, il faut mettre
un bouton de marche et d'arrêt
sur cette boîte, et une poignée
en dessous pour la tenir plus facilement
sans se brûler. C'est très simple,
voilà comment cela va fonctionner.
Lorsque la touche rouge est enfoncée,
tout est arrêté. Le monstre dort
parce que tout est fermé autour de lui
et qu'il croit qu'il fait nuit. Lorsqu'on
appuie sur la touche 1, il voit un peu
de jour à travers la boîte et ronfle
tout doucement. Si l'on appuie
sur la touche 2, le monstre se réveille
et souffle de l'air un peu plus chaud.
Et si on veut lui faire vraiment plaisir,
on appuie sur la touche 3 ;
alors il ronfle et souffle très fort
parce qu'il pense être revenu
dans son volcan, et que cela
le rend très content.
Elle est drôlement savante,
madame Catouine !
Le spécialiste des volcans
a fait exactement comme elle disait,
et ça a marché.

C'est pour ça que, moi, tous les matins,
je prends le sèche-cheveux
par sa poignée et j'appuie sur la touche 1,
puis 2, puis 3.
Et là, j'entends maman qui dit,
du bout du couloir :
– Qui est-ce qui se sert
du sèche-cheveux pour rien ?
Je ne sais pas comment elle fait,
maman, elle doit avoir des yeux
derrière la tête.
Mais moi, j'aime bien sentir le monstre
du sèche-cheveux me souffler
sur le crâne en ronflant doucement,
comme s'il était encore dans son volcan.

Le monstre du radiateur

Édith Soonckindt
Cécile Hudrisier

Les malheurs d'Eliott ont commencé au début de l'automne, quand sa famille a emménagé dans une graaaande maison avec de graaaaands radiateurs. Surtout celui de la chambre d'Eliott, d'ailleurs. Un radiateur grognon. Plein de glouglous et de ronrons.

Au début, Eliott avait décidé de l'ignorer, puis, quand l'hiver arriva, ce fut vraiment difficile. Parce que le radiateur débordait de ronflements, de crachotements et de grondements. Un monstre y était sûrement caché,

Eliott en aurait juré.
Un monstre gargouillant et menaçant,
bruyant et effrayant ! Et un beau jour
ou, pire, une belle nuit,
sûr que le radiateur, qui souffrait
d'insomnies, ne manquerait pas
de venir l'attaquer dans son lit !

Eliott se l'était imaginé dansant
dans la chambre en frappant des mains !
Si, si…
Même que le radiateur s'était frotté
un ventre tout plein de gargouillis
et qu'il avait regardé Eliott
avec des yeux pleins d'envie.
Si, si…
Et même aussi qu'il avait ouvert
la bouche et menacé de le manger
quand arriverait l'été, saison
où les radiateurs ont très très faim,
comme chacun sait.
Vouais, vouais…

Oh ! Eliott n'avait rien dit à ses parents,
ce n'était pas un secret facile à livrer.
Mais il avait beaucoup insisté
pour qu'ils lui achètent des lits superposés.
Sûr que, tout là-haut sur le lit, le monstre
du radiateur ne pourrait pas l'attraper !
Et si jamais il y arrivait,
Eliott serait protégé puisque, à présent,
il dormait avec son épée…

Au début, Eliott était tout fier
de son idée mais, petit à petit,
il dut admettre

GRRGrr
ELIOTT

que tout là-haut, dans son pigeonnier,
il souffrait d'être loin de sa maman
au moment de se coucher.
Elle ne pouvait plus lui tenir la main
en lui lisant une histoire ; plus question
non plus pour elle de le border
ni de l'embrasser après.
Alors, soir après soir, Eliott se mit
à penser. Et à tendre l'oreille pour voir
ce que son monstre bricolait…

Tiens, soir après soir, on aurait dit
que les ronflements,
les crachotements et les sifflements
n'étaient plus aussi forts qu'avant !
Nul doute que le radiateur se sentait
surveillé. Et qu'il devait avoir
fameusement peur de son épée !
Soir après soir, à y bien écouter,
Eliott eut l'impression que le radiateur
se fatiguait.
Cela faisait même quelques nuits
à présent qu'il ne l'avait pas senti
sautiller dans la chambre en poussant
des cris. Ni se frotter le ventre
en ouvrant grand la bouche.
Ni le regarder avec des yeux
pleins d'envie.
Il y eut même un soir, un 21 mars
pour être très précis, où le radiateur
ne fit plus aucun bruit.
Du coup, Eliott prit son épée,
descendit du lit et s'approcha
du radiateur endormi.
Il lui caressa doucement le ventre
et lui demanda :

éliott

– Excusez-moi mais… est-ce qu'il y a un monstre caché ici ?
Le radiateur ne répondit pas.
Eliott frappa trois petits coups très doux en se disant que le monstre dormait peut-être à poings fermés, ou qu'alors il avait mis du coton dans ses oreilles comme grand-père Nestor quand il ne veut pas être embêté.

Il y eut un tout petit bruit, comme un gargouillis.
Eliott sursauta, mais il resta là.
Son épée le protégerait.
Il eut alors l'idée de coller l'oreille à la paroi.
Et ce qu'il entendit le stupéfia :
– Bonjour Eliott, je suis Mecteur, ton radiateur. Il n'y a pas de monstre caché ici. Ni de monstre qui aurait sauté dans ta chambre en criant ou en ouvrant grand la bouche pour te manger. Il n'y a rien dans mon ventre, Eliott, à part de l'eau qui gargouille parce que je la chauffe pour te réchauffer. Le seul monstre dans cette chambre, Eliott, est dans ton cœur…

Holà ! Eliott sursauta !
– Mais non, Eliott, le monstre dans ton cœur, c'est la peur.
Et comme c'est ton esprit qui l'a inventée, il peut aussi la supprimer. C'est elle qui te fait imaginer des horreurs ; tu sais,

comme quand tu vas à la piscine
et que tu refuses de sauter
dans l'eau parce que tu as peur
qu'elle te fasse fondre. Je t'assure
que si tu parles à ta peur elle t'obéira,
et bientôt tu n'auras même plus besoin
de ta maman à tes côtés pour te rassurer.
Eliott regarda le radiateur, très très étonné
et colla à nouveau son oreille contre lui
pour voir s'il allait ajouter un mot,
mais il resta définitivement muet.

Alors, rien que pour voir, ce soir-là,
Eliott prit une grande inspiration
et dormit dans le lit d'en bas.
Avec son épée tout de même...
Certes, il ne risquait pas grand-chose
puisque le radiateur lui aussi dormait,
mais on ne savait jamais...
Nuit après nuit, Eliott se coucha là,
et il y eut même un soir
où il oublia son épée !

Le printemps et l'été passèrent
sans que le radiateur se réveille,
et Eliott en avait presque oublié
ce gros vilain monstre
qui l'avait tant inquiété.
Quand arriva l'automne, le radiateur
tout à coup se réveilla et se remit
à ronfler. Il ne lui faudrait
pas longtemps avant de se mettre
à gronder et à siffler en prime...
Crois-tu qu'Eliott remonta alors
dans le lit du haut avec son épée
pour se protéger ?

Eh bien pas du tout, figure-toi !
Eliott se dit tout simplement :
« C'est le bruit de l'eau qui chauffe
pour me réchauffer, merci Mecteur,
mon si gentil radiateur ; c'est le bruit
de l'eau qui chauffe pour me ré…
C'est le bruit… c'est… »
Et là-dessus il s'endormit.

Quand il vit le lendemain qu'il n'avait
été ni effrayé, ni réveillé, ni attaqué,
et qu'en plus il avait très bien dormi,
bien au chaud dans son petit lit,
Eliott sourit.
Il s'approcha alors du radiateur,
qui ronronnait et crachouillait,
et lui murmura :
– Tu sais, Mecteur, le monstre
qui était dans mon cœur,
je crois bien qu'il est parti.

La semaine d'après, il insista auprès
de sa maman pour aller à la piscine.

Et le mois suivant, il lui dit :
– Tu sais maman, je crois
que, maintenant, tu n'as plus besoin
de venir me border, je suis assez grand
pour m'endormir tout seul.
Bercé par le bruit du radiateur,
plus rien ne me fait peur.

Lito - 41, rue de Verdun 94500 Champigny-sur-Marne
Imprimé en UE - Loi n°49-956 du 16 juillet 1949
sur les publications destinées à la jeunesse
Dépôt légal : septembre 2007